Lk 1782.

RELATION DE L'ENTRÉE

DE LA DAUPHINE MARIE-ANTOINETTE

A CHALONS.

RELATION

DE L'ENTRÉE DE LA DAUPHINE

MARIE-ANTOINETTE

A CHALONS, LE 11 MAI. 1770,

ACCOMPAGNÉE D'UNE INTRODUCTION HISTORIQUE,

DE NOTES,

ET SUIVIE DES RELATIONS DES DIVERSES ENTRÉES DE SOUVERAINS DANS CETTE VILLE,

Par M. Édouard DE BARTHÉLEMY.

PARIS,

AUGUSTE AUBRY,

l'un des libraires de la Société des bibliophiles français,
16, rue Dauphine.

—

M.DCCC.LXI.

RELATION DE L'ENTRÉE
DE LA DAUPHINE MARIE-ANTOINETTE

A CHALONS, LE 11 MAI 1770,

ACCOMPAGNÉE D'UNE INTRODUCTION HISTORIQUE, DE NOTES,
ET SUIVIE DES RELATIONS
DES DIVERSES ENTRÉES DES SOUVERAINS DANS CETTE VILLE,

Par M. EDOUARD DE BARTHÉLEMY.

———

Châlons reçut d'illustres visiteurs dans le courant du xviiiᵉ siècle : Pierre-le-Grand, en 1717 ; le duc d'Orléans qui épousa, à Sarry, la princesse de Bade (1724); Marie Leczinska, qui y demeura trois jours, logée chez M. Deu de Montigny, tandisque Mademoiselle de Clermont, venue au-devant d'elle, demeurait chez M. Deu de Vieux-Dampierre, lieutenant-général au présidial (juillet 1726)(1); M. le duc de Bourbon, qui épousa aussi

---

(1) On conserve aux archives de la Marne une lettre de M. Bernage, premier commis aux affaires étrangères, adressée à l'Intendant le 24 juin 1728, pour lui envoyer un mandat de 2,346 livres 14 sols 6 deniers afin de payer, dans son département, les frais du passage de la reine ; — et un autre de 731 livres pour ceux du passage du roi Stanislas avec Madame royale de Pologne. Il fallut payer 143 livres pour réparer le pont-levis du château de Renneville, rompu par la voiture de Mademoiselle de Clermont ; et 314 livres 7 sols pour réparer les dégats faits au logis de M. Deu de Montigny.

Pierre Deu de Vieux-Dampierre, chevalier, seigneur de Saint-Remy, Malmy, Montain, Villers-aux-Corneilles, lieutenant-général au présidial en 1696. Son père était conseiller au présidial et bailli de Châlons, et son fils fut premier président au présidial.

à Sarry la princesse de Hesse-Rhinfelds (juin 1728);
Louis xv, qui coucha à Châlons le 1er août 1744, en se
rendant à l'armée ; le Dauphin qui, quinze jours plus
tard, allait rejoindre le roi malade à Metz ; quelques
heures après, la Reine ; puis dans la nuit, Mesdames
de France (1 ; la Dauphine, depuis reine, en mai 1770;

---

(1) Voici, d'après une dépêche de M. Monnot, lieutenant de ville, à
l'Intendant (19 octobre 1744), les projets de la ville pour la réception
du roi. On fit des clefs d'argent. — Trois arcs de triomphe entre la
porte Saint-Jacques et le grand pont, devant l'Hôtel-de-Ville, de cinquante pieds et à trois portiques, et à la porte du Beffroy. — On pré-
pare dix-sept boîtes et deux petits canons de la ville : — on tend les
rues de tapisseries : — on forme une compagnie de cinquante jeunes
gens à cheval. — M. Monnot demanda à offrir du vin et des langues
« qui sont les fruits du pays », ce que l'Intendant accepta. Mais il décida
qu'on ne placerait pas de fauteuil, sur le balcon de l'Hôtel-de-Ville, pour
le roi, au moment du feu d'artifice « parce que les lampions répandent
d'ordinaire trop mauvaise odeur », et qu'il n'y aurait « pas de pastorale
jouée par les pensionnaires du Collége de la ville qui auraient été ha-
billés en bergers. »

Je complèterai ces détails par ces extraits des séances du registre
de conclusion de ville, du 28 juillet au 10 octobre 1744:

Arrivée des maréchaux de logis de la Cour : le roi loge chez M. de
Montbayen (1), rue Grande-Etape; et le maréchal de Soubise, chez M. de
La Grandcour (2). MM. de Clozier et de Parvillez (3) avaient été dé-
putés à Reims et présentés au roi le 29.

Le roi, après un premier refus, confie sa garde à la Compagnie de
l'arquebuse et à la milice.

1er août, le roi arrive par la porte Saint-Jacques, où s'élevait un arc
de triomphe : il ne veut pas de dais : à onze heures il est harangué, reç
çoit les clefs et les rend. Une fois au Louvre (4), le Conseil de ville lui
présente, à genoux, sans mot dire, quarante-huit bouteilles de vin : on
en offre trente-quatre à M. de Soubise, vingt-quatre au marquis d'Ar-
genson, ministre de la guerre, douze à M. des Granges, maître des
cérémonies, à M. de La Suze, grand maréchal des logis, au duc de Villeroy, capitaine des gardes, et au major des gardes.

---

(1) M. Françoys, seigneur de Montbayen, président-trésorier de France.

(2) Pierre le Gorlier, seigneur de la Grandcour, président au présidial.

(3) Adrien de Parvillez, seigneur de Villeneuve, président trésorier de France,
lieutenant de ville en 1731. — Philippe de Clozier, seigneur d'Ino, lieutenant-
général d'épée au présidial, mort en 1757.

(4) On nommait ainsi tout logis occupé par le roi.

Monsieur, comte de Provence, en août 1782. Le dernier passage royal fut celui de Louis XVI se rendant à Varennes, et que l'honnête maître de poste de Châlons, M. Viet, reconnut, mais ne trahit pas ; au retour ce n'était plus un roi, mais un royal prisonnier.

Il m'a paru curieux de reproduire le récit de la réception de Marie-Antoinette, car tout ce qui se rattache à cette belle, bonne et infortunée reine me semble digne d'intérêt. Aussi bien notre ville se mit-elle en liesse.

Le voyage de Marie Antoinette à travers l'Alsace et la Lorraine fut un splendide triomphe : sa beauté séduisait et transportait les paysans d'admiration. A quelques lieues de Châlons, Mme Campan raconte, qu'un vieux curé, à la tête de ses paroissiens, s'approcha de la voiture de la Dauphine et commença un discours

---

Le 2, le roi part à cinq heures du matin, après avoir ouï la messe aux Récollets.

Le 16, à onze heures du matin, arrive Mgr le Dauphin par la porte Marne, rejoignant le roi qui se mourait à Metz. Toute la nuit le guet de ville avait été sur pied : on reçut un courrier annonçant que S. M. a été administrée. Mgr le Dauphin ne reçoit ni harangue ni présent.

A deux heures, les gens du Conseil, étant en permanence sur la route, voient un courrier qui annonce l'amélioration de l'état du roi. On crie : « Vive le roi ! » Les canons sont tirés et les cloches sonnées en branle.

A deux heures et demi, Mgr le Dauphin part.

A quatre heures, arrive la reine. On la harangue et la supplie de prendre les clefs offertes au roi : elle les prend et les rend en disant : « Je vous les remets, gardez-les bien, elles sont en bonnes mains. » On lui offre cent livres de bougie et on tire des salves de canon. S. M. voulut aller chez Mme Deu où elle avait été logée en 1725 (1), elle s'y rafraîchit une heure et y reçut les visites. A cinq heures et demie, elle repart par la porte Sainte-Jean.

Dans la nuit du 16 au 17, à minuit arrivent Mesdames de France, lesquelles repassent le 5 septembre et la reine le 9 octobre seulement.

---

(1) Jeanne-Baptiste Le Vautrel, dame de Perthes, Horlus, etc., veuve en 1743 de Jacques Joseph Deu, écuyer, seigneur de Montigny, Marson, président-trésorier de France, député au sacre de Louis XV, lieutenant de ville en 1727.

dont l'épigraphe était ces paroles du Cantique des Cantiques, *Pulchra es et formosa ;* tout d'un coup il regarde la princesse et perd la parole. Marie-Antoinette prend le bouquet qui lui était offert, et le curé de s'écrier : « Madame, ne soyez pas surprise de mon peu de mémoire, à votre aspect Salomon eut oublié sa harangue, il eut oublié sa belle égyptienne, et vous eut, avec bien plus de raison, adressé ces mots : *Pulchra es et formosa.* »

La Dauphine était accompagnée, d'après l'état des comptes conservé aux archives de la Marne, d'un chevalier d'honneur, le comte de Saulx-Tavannes, dont le fils fut créé duc et pair en 1786 ; d'une dame d'honneur, la comtesse de Noailles ; d'une dame d'atours, la duchesse de Cossé ; de quatre dames du palais, la comtesse de Mailly, la duchesse de Duras, la comtesse de Tonnerre et la duchesse de Péquigny; d'un premier écuyer, le comte de Tessé ; d'un premier aumônier, l'évêque de Chartres, monseigneur de Fleury ; d'une femme de chambre, quatre aides, une coiffeuse, une blanchisseuse, une fille de la garde-robe ; un maître des cérémonies du roi, M. des Granges ; un écuyer ordinaire du roi ; un chapelain, M. de Themines ; un clerc de la chapelle ; un sommier ; le confesseur ; le premier médecin, le premier chirurgien ; un apothicaire, un garçon-aide ; deux huissiers du roi, deux valets du roi ; deux garçons de chambre, un porte-manteau du roi ; deux tapissiers ; deux porte-meubles, deux portefaix ; un brigadier des gardes et cinquante Gardes du corps ; treize Cent-Suisses ; cinq gardes de la porte ; six gardes de la prévôté de l'hôtel ; dix maréchaux de logis et fourriers ; un maître d'hôtel du roi, le marquis de Montdragon; un contrôleur d'office, un commis d'office; un commis de la chambre aux deniers ; deux gentilshommes servants, deux officiers de bouche, deux du gobelet, un maître d'hôtel de la table d'honneur, huit officiers de la cuisine, deux de la fruiterie, deux du service du commun; dix valets de divers services, quatre valets de cuisine ; cinq pourvoyeurs, deux pourvoyeurs du vin, deux de la boulangerie ; six pages, six valets de pied ; deux ouvriers d'écurie et sept courriers ; en tout cent quatre-vingt personnes. Le mobilier remplissait huit voitures.

Parmi les pièces qui se trouvent dans le dossier relatif à cette réception et qui, comme je l'ai dit, existent aux archives de la préfecture de la Marne, cartons de l'Intendance, j'ai trouvé ces deux chansons qui ne sont pas dépourvues d'une certaine originalité.

L'une a pour titre :

» Couplets faits par la maîtresse d'école de La » Chaussée, ci-devant vivandière du régiment de » Dragons de Monseigneur le Dauphin (1). »

Sur l'Air : *Malgré la bataille, etc.*

Sortez du village,
Venez avec moi,
Jeunesse bien sage ;
Voir la bru du Roi.
Jadis à la guerre
Avec mon époux
J'ai vu dans sa mère,
Bon Dieu, quel ragoût !

Elle était pu belle
Qu'on ne sçaurait penser,
Bientôt la querelle
Elle a sçu vuider.

---

(1) Cette chanson est imprimée sur trois pages in-18, sans nom d'imprimeur, et ornée de petites couronnes fleurdelisées et de fleurs de lis. Le dossier de la réception de la Dauphine renferme encore quelques poésies de circonstance, je citerai : *la Sagesse aux Français ;* une chanson sur l'air : l'Amour frivole et volage ; et *le dialogue de l'Allemagne et de la France* pour le mariage et le passage de la Dauphine à Châlons, sur l'air : L'avez-vous vu, mon bien aimé ?

Voyons si sa fille
Peut lui ressembler ?
Ah ! mon cœur sautille,
C'est elle tout craché.

C'est comme une rose
Et puis comme un lis,
Sa bouche mi'close
Est le trône des ris.
La belle famille
Avec nos Bourbons !
Notre Dauphin grille
D'avoir des Poupons.

Qu'ils aient bien vite
Des enfants chéris,
Et puis tout de suite
Pensons aux aut'fils ;
Monsieur de Provence
Et Monsieur d'Artois
Vont entrer en danse,
Crions, Vive le Roi !

L'autre est intitulée :

« Couplets présentés à Madame la Dauphine à son
» passage à La Chaussée, par les filles de Pogny et
» d'Omey, sur l'AIR : *Quand tu batteras la retraite*
» ou *Ton humeur Catherine*.» C'est assez dire qu'ils
sont dus au même auteur.

Vous êtes donc la maîtresse
Des saisons comme des cœurs ?
Vous voit-on, belle princesse,
On voit naître aussi les fleurs :
Le printemps dans notre France
De vous plaire étoit jaloux,
Pour marquer votre puissance
Il ne paraît qu'avec vous.

Il nous ramène la rose
Pour l'unir à nos lys ;
Que sur eux il se repose
Il seront longtemps fleuris.
Sous les lois de notre Père
Vous aurez des jours heureux,
Et le Français pour lui plaire
Vous adressera ses vœux.

Chez nous c'est l'ancien usage
D'idolâtrer notre roi.
De nos cœurs lui rendre hommage
Est plaisir autant que loi.
Le Dauphin à notre tête
Lui porte un tribut d'amour ;
Des Bourbons on fait la fête
Au hameau comme à la cour.

Des Dieux vous êtes l'image,
Couple heureux, princes charmans ;
Vous le serez dans le bel âge,
Aimez-vous, soyez contens ;
Par les fruits de l'Hyménée
Dont vous chérirez la loi,
La nation fortunée
Chantera : Vive le Roi !

L'Intendant s'était donné beaucoup de mal pour faire réussir cette réception , non pas à l'égard des populations qui étaient très bien disposées , mais à cause des nombreux spectacles dont on voulait fêter la princesse : il fit dépenser en travaux de corvée dans « le département de Chaalons » la somme de 2,277 livres 10 sols ; il eut aussi à prendre de grandes précautions contre les voleurs qui , au nombre de deux cents , infestaient la route , et au sujet desquels de nombreux documents curieux existent au dossier : du moins recueillit-il des félicitations officielles comme il pouvait les désirer ; le 21 mai, M. de Saint-Florentin lui écrivit : « Vous vous » êtes très bien empressé de procurer à cette princesse

» tous les agrémens qu'il dépendait de vous. » Et depuis, M. Bertin, lui mande : « J'ai rendu compte de la
» réception de Madame la Dauphine à Sa Majesté qui
» m'a paru satisfaite des soins que vous avez pris. »
Déjà, le 20 mai, le duc de Choiseul s'était exprimé
dans des termes analogues.

La Dauphine partit le 12 mai pour Reims : de là elle
se rendit à Fismes, puis à Soissons, où elle fut brillamment reçue ; le 14, elle arrivait à Compiègne où
le vieux roi était venu l'attendre.

---

*LETTRE écrite de Chaalons-sur-Marne, sur le
passage de Madame LA DAUPHINE, et les
Fêtes qui ont été données à cette Princesse
par M. ROUILLÉ D'ORFEUIL, Intendant de la
Province de Champagne, le 11 mai 1770.*

Je viens de voir, MONSIEUR, le spectacle le plus délicieux dont puisse jouir une âme sensible. Celui d'un
Peuple attendri, celui d'une foule de Citoyens de tous
âges et de tous états, s'empressant de donner à Madame la
Dauphine les témoignages des sentimens que sa présence leur inspirait. Il n'appartient qu'à la Nation Françoise d'idolâtrer à ce point le Sang des Princes qui la
gouvernent ; il n'appartient qu'à des Magistrats François d'imaginer des Fêtes qui puissent répondre aux
sentimens de la Nation.

Vous connaissez, ainsi que moi, le goût de M. Rouillé
d'Orfeuil, Intendant de la Province de Champagne, et
les ressources que son cœur ne manque jamais de lui
fournir lorsqu'il s'agit de donner des preuves de son
zèle pour le service du Roi. Vous dire que l'élégance,
la galanterie, la magnificence des Fêtes qu'il vient de
donner à Madame la Dauphine y ont répondu, c'est déjà
vous en donner la plus grande idée.

MADAME LA DAUPHINE ayant couché le 10 de ce mois

à Bar-le-Duc en Lorraine, et devant le lendemain prendre la route de Chaalons, M. Rouillé d'Orfeuil se rendit à S. Dizier sur les limites de la Champagne. (1) La Princesse y arriva sur les dix heures du matin. Après avoir été nommé à Madame la Dauphine par Mme la Comtesse de Noailles (2), il eut l'honneur de recevoir cette Princesse à l'entrée de la ville de S..Dizier, et de lui présenter les Officiers municipaux de cette Ville. Il l'accompagna jusqu'à Vitry, où elle dina, et précéda ensuite de quelques instans son arrivée à Chaalons.

Vous vous rappelez la nouvelle Esplanade que forment les routes de Metz et de Nancy à l'entrée de la ville de Chaalons du côté de l'Allemagne. Cette partie de la Ville, autrefois si difforme, est devenue la plus agréable et la plus belle.

Ce fut par cette porte que Madame la Dauphine arriva. La Compagnie de Villeroy des Gardes du Corps du Roy se trouva sur son passage à quelque distance de la Ville.

Un objet qui fixa principalement les regards de la Princesse, fut la porte que la Ville vient de faire reconstruire sous le nom de *Porte Dauphine* (3). Elle forme un Arc de triomphe d'une seule arcade, et est exécutée en pierre de taille. La largeur totale de l'ouvrage est de 60 pieds de face sur une pareille élévation ; l'arcade

---

(1) Louis-Gaspard Rouillé, comte d'Orfeuil, maître des Requêtes, fut nommé Intendant de Champagne, en juillet 1764 ; il rendit d'éminents services à la ville de Châlons, c'est sous son administration que furent construits l'Intendance, l'Hôtel-de-Ville, le grand Séminaire, le Théâtre ; les portes Dauphine, Saint-Jacques, des Mariniers et du Jard ; le grand pont de Marne, le pont de Vaux ; les quais ; la rue du Jard ; la Place-de-Ville ; il resta à Châlons jusqu'en 1789 ; son fils fut Sous-Intendant de 1784 à 1789.

(2) Anne-Louise d'Arpajon, fille unique du marquis d'Arpajon, dame d'honneur de la reine en 1763, mariée à Philippe, comte de Noailles, lieutenant-général, fils puiné du maréchal.

(3) Celle qui se trouve à l'extrémité de la rue Sainte-Croix.

est de 15 pieds de large sur 55 pieds de hauteur. Quoique cet ouvrage n'appartienne , à proprement parler, à aucun ordre d'Architecture en particulier, son caractère cependant le rapproche du Dorique.

La face du côté de la campagne est ornée de refends, et porte aux deux côtés de l'arcade , deux grandes tables saillantes ornées de trophées militaires. Au-dessus de la clef est une table qui doit porter une inscription dont le choix n'a pas encore été fait. La frise de l'entablement est ornée de consoles qui en soutiennent la corniche ; sur l'entablement s'élève un acrotère de cinq pieds et demi de hauteur , portant à l'aplomb des tables de trophées et de guirlandes de fleurs ; le haut de cette façade est terminé par un cartel portant les Armes du Roi.

La façade du côté de la Ville est également ornée de refends et de tables saillantes aux deux côtés de l'arcade; ces tables sont lisses de ce côté On a pratiqué au-dessus deux renfoncemens qui contiennent chacun un bas-relief; l'un représente le Dieu Mars assis , tenant en main le portrait de Monsieur le Dauphin, l'autre celui de Minerve tenant celui de Madame la Dauphine. Les sculptures qui n'ont été qu'ébauchées seront retouchées par le célèbre Pigale, qui doit y donner la dernière main. Au-dessus de la clef est une table saillante sur laquelle on lit cette Inscription :

AUGUSTISSIMÆ

MARIÆ. ANT. JOSEPH. JOAN.

AUSTRIACÆ,

LUDOVICO AUG. DELPHINO,

DESPONSÆ.

ANNO. M. DCC. LXX.

L'entablement de ce côté , comme de celui de la campagne, est surmonté d'un acrotère, et couronné par un cartel contenant les Armes de Monsieur le Dauphin et de Madame la Dauphine, accolées sous une même couronne et supportées par deux Dauphins.

Le Corps de Ville s'était rendu à cette porte, il eut l'honneur d'y rendre ses hommages à Madame la Dauphine qui voulut bien agréer que ce superbe monument lui fut consacré, et portât son nom.

Tandis que par la révolution des tems, les Fêtes les plus brillantes, témoignages passagers de la joie du Peuple, seront ensevelis dans l'oubli, ce monument durable transmis de génération en génération, renouvellera sans cesse à la postérité la mémoire du jour où Madame la Dauphine à honoré la ville de Chaalons de sa présence, et éternisera les Citoyens zélés qui l'ont élevé.

C'est dans cet esprit qu'a été proposée l'inscription suivante pour le côté de la campagne.

ÆTERNUM STET, UT AMOR.
Qu'elle dure autant que notre amour.

Dans l'intervalle de la porte Dauphine à l'Intendance, Madame la Dauphine trouva sur son passage les Compagnies de l'Arquebuze et de la Bourgeoisie, qui avaient pris les armes et bordaient la haye. Aux approches de l'Intendance, deux Escadrons du Régiment Royal Dragons, étaient rangés en bataille. Tous les Citoyens à l'envi s'étaient empressés de tapisser les maisons devant lesquelles devait passer cette Princesse. Une affluence prodigieuse de peuple s'était assemblée de toute la Ville et des environs, et Madame la Dauphine arriva à l'Intendance au milieu des cris de joie et des acclamations répétées de tous les Citoyens. Tout l'intérieur de cet Hôtel était gardé par un détachement des Gardes du Roi qui y firent leur service ordinaire.

Arrivée à l'Intendance, Madame la Dauphine fut conduite dans l'appartement qui lui avait été préparé, et Madame Rouillé d'Orfeuil, Intendante de la Province, lui fut présentée (1). Le Chapitre et les Officiers Mu-

---

(1) Anne-Charlotte Bernard de Montigny.

nicipaux furent admis à la complimenter (1) ; ces derniers lui présentèrent en même tems six jeunes Filles vêtues de blanc que la Ville avait dotées à cette occasion (2) ; une d'entr'elles lui offrit des fleurs et les vers que je crois devoir vous faire connaître.

» PRINCESSE, dont l'esprit, les grâces, les appas
  » Viennent embellir nos Climats,
» En ce jour glorieux, quel bonheur est le nôtre !
» Nous devons notre Hymen à la splendeur du Vôtre.
» Le Ciel fait à l'Etat deux faveurs à la fois,
    » Dans cette auguste et pompeuse Alliance.
» Nous donnerons des Sujets à la France ;
    » Et vous lui donnerez des Rois.

M. le Marquis de Chauvelin (3) complimenta aussi Madame la Dauphine au nom du Roi, et lui remit une Lettre de Sa Majesté. M. l'Archevêque Duc de Reims (4), M. le Coadjuteur (5) et M. l'Evêque comte de Chaalons (6) furent en même tems présentés. La Princesse fut ensuite conduite dans une salle de spectacle de la plus grande élégance, que M. Rouillé d'Orfeuil avait fait construire à la suite de l'appartement de cett. Princesse.

---

(1) Le marquis de Nazelles, gouverneur pour le roi ; M. Saguez de Breuvery, maire royal ; de la Tour, Sordel, Le Moyne de Villarzy, Collet, échevins ; Fagnier de Mardeuil, bailly ; Deu de Vieux Dampierre, premier président du présidial ; Brémont, lieutenant-général audit ; de Gauville, capitaine de l'Arquebuse.

(2) Chacune reçut 200 livres et un trousseau de 100 livres.

(3) M. de Chauvelin fut nommé, en 1773, maître de la garde robe du Dauphin.

(4) Charles-Antoine de La Roche-Aymon, archevêque en 1762, mort en 1777.

(5) Alexandre-Angélique de Talleyrand-Périgord, archevêque de Trajanopole, en 1766.

(6) Antoine-Eléonore Le Clerc de Juigné, évêque de Châlons, le 29 avril 1764, transféré à Paris en 1781.

Cette salle qui a été regardée comme un chef-d'œuvre de goût et d'architecture, était coupée quarrément du côté de l'avant-scène (1). Elle était au contraire ceintrée dans la partie qui faisait face au Théâtre. Une colonnade d'ordre Ionique qui faisait le tour de la salle, en formait la décoration. On avait fait régner au-dessous et au-devant de cette colonnade, une galerie ou balcon en forme de loges, destinée à recevoir les Spectateurs. La colonnade était surmontée d'un Attique orné de bas-reliefs. On y voyait des Enfans en différentes attitudes et diversement occupés. Les sujets qu'ils représentoient étoient relatifs aux Arts et aux Sciences. Chacune des colonnes portait un vase, ils étoient tous liés par une guirlande de fleurs qui regnait au tour de la salle, et qui faisoit campanne au-dessus de l'entablement. Les entre-colonnemens étoient ornés de panneaux de damas cramoisi, encadrés dans des bordures dorées, et les panneaux étoient décorés aux deux tiers par des médaillons ovales de marbre blanc, soûtenus par des guirlandes de fleurs. Ils renfermoient alternativement les chiffres de Monsieur le Dauphin, et ceux de Madame la Dauphine accompagnés d'attributs analogues à la Fête. Le théâtre était séparé de la salle par quatre colonnes d'ordre Ionique, qui formoient l'avant-scène.

La loge de Madame la Dauphine était placée en face du théâtre au fond de la salle, une grouppe d'Enfans soûtenoient au-dessus une draperie d'étoffe cramoisie et or, qui formoit le baldaquin.

Le plafond représentoit un ciel dans lequel paraissoient voltiger une troupe de petits Amours; ils tenoient en main des guirlandes de fleurs, avec lesquelles ils paroissoient soûtenir les lustres qui éclairoient la salle.

---

(1) Elle était construite à l'extrémité des appartemens de la Princesse, qui étaient ceux du premier sur le jardin.

Tout le fond de la décoration étoit exécuté en marbre blanc. Les moulures des colonnes, leurs chapitaux, leurs bazes et en général tous les ornemens étoient dorés. On n'avoit rien épargné, ni pour la perfection des sculptures, ni pour celles des peintures ; on avoit employé dans tous les genres les Artistes les plus célèbres de la Capitale.

La loge du fond et deux autres de chaque côté avoient été réservées pour Madame la Dauphine et pour la Cour ; tout le reste de la galerie ou balcons étoient occupés par les Femmes les plus distinguées de la Ville et de la Province, elles ajoûtoient par leurs dispositions à la décoration de la salle. Les Hommes étoient placés dans le parquet.

Lorsque Madame la Dauphine parut, malgré le profond respect dont les Spectateurs étoient pénétrés, ils ne purent retenir leurs applaudissemens.

La première Pièce qui fut représentée, fut *La partie de Chasse d'Henry IV*. Les principaux rôles furent supérieurement rendus par les Srs Brisart, Cailleau, Clerval, et par la D^{lle} la Ruette, Comédiens du Roi ; les autres rôles furent remplis par les Acteurs de la Troupe de la Province, parmi lesquels le Sr de la Grange se distingua dans celui de Sully. Dans tous les endroits qui parurent faire le plus de sensation, je vous en citerai un qui a fait le plus grand effet sur les Spectateurs. Vous vous rappelez qu'au milieu du repas champêtre, Michaut s'écrie, en parlant d'Henry IV : buvons à la santé de ce bon Roi, de ses enfans, de ses petits-enfans, de ses descendans. Ces paroles si naturellement applicables à la circonstance, furent rendues par *Cailleau* avec un ton si énergique et si vrai, que les Spectateurs ne purent retenir leurs applaudissemens et leurs larmes.

La partie de Chasse d'Henry IV fut terminée par un ballet très-ingénieusement amené. Michaut vint annoncer à Henry IV que les Paysans de Lieursains, informés de la présence de leur bon Roi, s'étoient rassemblés en foule pour le voir. ***Qu'on les fasse entrer,*** répondit Henry IV, avec ce ton de gaieté et de bonté qui caractérisent ce grand Roi, *je serai enchanté de les voir.* Aussi-tôt on vit entrer une troupe de Paysans et de Paysannes, représentés par les Danseurs et les Danseuses les plus célèbres de l'Opéra, lesquels exé-cutèrent un ballet analogue à la circonstance, composé et conduit par le Sr Hyacinte, maître des ballets. La danse fut entre-coupée par différens airs choisis, qui réunissoient l'agrément des paroles à celui de la mu-sique.

La partie de Chasse d'Henry IV fut suivie de *Lucile,* comédie mêlée d'ariettes (1). Les principaux Rôles fu-rent remplis par les Srs Cailleau et Clerval , et par la D^{lle} La Ruette, celui de Trimante fut rempli par le Sr Guilleminot, acteur de la Province, qui laisse con-cevoir de grandes espérances. La pièce fut supérieure-ment rendue, et fut terminée par un ballet exécuté par les Danseurs et Danseuses de l'Opéra. Le mérite de l'exécution n'empêcha pas de remarquer celui de la musique ; plusieurs des airs des ballets avoient été faits pour la circonstance, leur douce harmonie, l'agrément et le mérite de la composition parurent faire la plus grande impression sur les Spectateurs.

Après le spectacle dont Madame la Dauphine parut extrêmement satisfaite, elle rentra dans son apparte--ment ; on avait fait en face de ses fenêtres les prépa-ratifs d'un superbe feu d'artifice.

Une décharge considérable de boîtes donna le premier signal. Le feu d'artifice fut composé de sept coups de feu tous plus brillans les uns que les autres. On admira successivement une multitude de soleils tour-nans variés à l'infini ; une magnifique nappe de feu ,

---

(1) Ce fut le Conseil de Reims qui envoya, le 8 mai, ses huit musi-ciens avec la partition. Déjà, le 30 avril, on avait emprunté à Reims trois mille lampions.

exécutée en Feu chinois, une colonnade Pirique composée de colonnes torses tournantes ; une suite de palmiers accompagnés de cascades de Feu chinois de la
plus grande beauté , etc. A la suite de ces différentes
pièces , on vit paroitre à l'entrée des jardins de l'Intendance, des Cavaliers armés de casques et de lances ; ils
étoient tout couverts d'artifice ; d'abord ils partirent au
petit pas ; à mesure qu'ils s'animoient, on voyoit sortir
le feu des yeux de leurs chevaux, de leurs bouches et
de leurs narines ; bientôt ils parurent tout en feu , et
s'élancèrent avec une prodigieuse rapidité dans les allées des jardins, qu'ils parcoururent en caracolant et
en faisant une infinité d'évolutions singulières.

La cavalcade fut suivie d'une magnifique décoration
exécutée en feu de lance ; elle représentoit une colonnade d'une grande étendue , surmontée d'une gloire de
96 rayons exécutée de même en feu de lance ; enfin le
feu fut terminé par une bombarderie, pendant laquelle
partit un bouquet d'une quantité prodigieuse de fuzées, qui firent paroitre un instant le ciel tout en feu (1).

La lumière brillante qu'elles répandoient, faisoit appercevoir de toute part une multitude innombrable de
Peuple qui s'était rassemblé dans les environs de l'Intendance. D'un côté, les remparts de la Ville présentoient, par leur pente, l'image du plus bel amphitéatre ;
des échaffaux qui avoient été construits exprès, des
maisons à moitié démolies fléchissoient sous le poids
des Spectateurs ; les clochers, les églises, les toits des
maisons, tout ce que l'œil pouvoit découvrir étoit couvert d'une multitude innombrable de Peuple que la magnificence de la Fête avait attiré.

Pendant le souper qui fut servi immédiatement après
le feu d'artifice, tous les bâtimens de l'Hôtel de l'In

---

(1) Ce bouquet consista en une girandole de cinquante douzaines
de fusées. Le feu d'artifice fut dressé par Braye, artificier.

tendance, tant sur la rue que du côté des Jardins, furent illuminés. Un grand nombre de lampions et de terrines, artistement arrangés, suivoient l'ordre de l'Architecture, et en faisoient ressortir tous les ornemens et toutes les parties; les Jardins furent encore illuminés avec plus de magnificence ; les gazons, les parterres et les plates-bandes furent bordés de terrines de feu qui en marquoient les contours, et qui formoient les desseins les plus gracieux.

Des deux côtés du parterre, toujours en face de l'appartement de Madame la Dauphine, on avait élevé 30 portiques de 25 pieds de hauteur, garnis d'une prodigieuse quantité de lampions. Les vuides formés par les arcades étoient occupés par des médaillons ou vases, des lustres et des ifs ; plus loin, au dehors des Jardins et au de-là du canal qui les termine, on avait formé, par le moyen de quatre rangées d'ifs garnis de lampions, trois longues avenues ; les deux collatérales étoient terminées par des piramides de feu ; celle du milieu, qui étoit la plus large, conduisoit à un superbe Temple de plus de soixante pieds de hauteur, dédié à l'Hymen, et exécuté en illumination.

Ce Temple étoit composé d'un escalier à double rampe, surmonté d'une colonnade d'ordre Corinthien. On voyait au milieu, l'autel de l'Hymen. La colonnade étoit terminée par des vases et par différens ornemens d'Architecture. On remarquoit au milieu une archivolte en forme d'arc-en-ciel, qui soutenoit un soleil d'illumination de quinze pieds de diamètre ; tous les entre-colonnemens étoient ornés de médaillons et de lustres, tout cet ensemble enfin formoit le plus beau coup d'œil.

Pendant toute cette soirée, des fontaines de vin coulèrent pour le Peuple en face de l'Intendance, et de l'appartement de Madame la Dauphine ; il lui fut aussi distribué du pain et des viandes Tous les environs de l'Intendance retentissoient continuellement des acclamations réitérées de VIVE LE ROI, VIVE MONSEIGNEUR LE DAUPHIN, VIVE MADAME LA DAUPHINE. Toutes les circonstances de cette Fête sembloient concourir à la rendre intéressante ; mais ce qui ajoûtoit le plus à son mérite, c'est que tout l'ensemble de la Fête se trouvoit réuni sous les yeux de la Princesse qui en étoit l'objet, de sorte qu'elle pouvoit tout voir sans sortir de son appartement (1).

Toute la Ville fut illuminée ce même soir. Les deux clochers de la Cathédrale le furent dans toute leur hauteur. L'illumination de la porte Dauphine, présentoit entr'autres un des plus beaux spectacles que l'on pût voir en ce genre. Un nombre prodigieux de terrines de feu et de lampions exprimoient tous les contours et les ornemens de l'Architecture, un transparent placé au-dessus de la clef, et derrière lequel on avoit encore rassemblé un grand nombre de lampions, présentoit aux yeux l'Inscription latine qui a été transcrite plus haut.

Cette brillante fête avoit été exécutée sur les dessins et sous la conduite du S\ Durand, Architecte à Paris.

Le lendemain, M. Rouillé d'Orfeuil présenta à Madame la Dauphine, avant son départ, deux tableaux représentant, l'un la porte Dauphine, vue du côté de la Ville, l'autre la même Porte du côté de la Campagne; cette Princesse y étoit elle-même représentée dans son carrosse avec une partie du nombreux cortége qui l'accompagnoit.

Vers les neuf heures du matin Madame la Dauphine partit pour continuer sa route ; toutes les rues par lesquelles elle devoit passer avoient été tapissées; elle traversa la Ville au milieu de la garde bourgeoise, des Chevaliers de l'Arquebuze, de deux escadrons du régiment Royal-Dragons, rangés en bataille, et d'une

---

(1) Le palais de l'Intendance, aujourd'hui Hôtel de la Préfecture, fut construit par M. Legendre, ingénieur en chef de la Province. Il fut commencé en 1750. On y remarque des dessus de porte très intéressants, dans le grand salon du premier étage, peints par Berthelemi qui a doté l'église Notre-Dame d'une belle Assomption.

foule innombrable de Citoyens qui faisoient retentir les airs de leurs acclamations.

Un détachement des Gardes du Corps du Roi de la Compagnie de Villeroy marchoit en avant et l'accompagna jusqu'à la sortie de la Ville ; elle y fut suivie par tout le peuple qui s'empressoit d'en sortir en foule pour la suivre des yeux ; ils poussoient à l'envi des cris vers le ciel pour le bonheur et la conservation de cette Princesse.

M. Rouillé d'Orfeuil eut l'honneur d'accompagner Madame la Dauphine jusqu'à Reims, où elle dina, et de-là jusqu'à Fismes.

L'impression de joie et d'allégresse que cette circonstance avait laissée dans tous les cœurs, était trop vive pour s'effacer tout d'un coup. Cette journée et les suivantes furent regardées comme des jours de Fête.

Le 16, jour de la célébration du Mariage de Monseigneur le Dauphin, les Fêtes publiques recommencèrent de nouveau. Il y eut dans les Jardins de l'Intendance un feu d'artifice. Les bâtimens, les parterres, et tous les jardins furent illuminés avec beaucoup de magnificence. Un bal paré que M. Rouillé donna ce même soir, compléta la Fête. Toutes les Dames de la Ville y avoient été invitées, et le concours en fut si nombreux qu'on fut obligé de consacrer à la danse la plus grande partie des appartemens de l'Intendance. Enfin le jour vint interrompre une si belle Fête, et chacun se retira en comblant d'éloges celui qui en était l'auteur.

Telles ont été M., les réjouissances et les Fêtes que le passage de Madame la Dauphine a occasionnées à Chaalons. Vous voyez que le goût, la galanterie et la magnificence en avoient ordonné toutes les parties. Elles ont excité dans le cœur des Habitans de Chaalons et de la Province, un nouveau sentiment d'amour et de reconnoissance en faveur du Magistrat qui s'est empressé de se rendre l'Interprète des sentimens d'allégresse de toute la Province et de toute la Nation.

J'ai l'honneur d'être, etc.

APPENDICE.

Je complèterai cette plaquette en ajoutant ici les détails que les registres des conclusions de notre Conseil de ville renferment sur les diverses réceptions des souverains à Châlons, en rappelant que j'ai déjà publié dans mes *Variétés historiques sur Châlons et la Champagne* (1) la relation du passage du roi et de la reine de Pologne, en 1757, ainsi que le *Récit des funérailles de la Dauphine*, morte à Châlons le 16 août 1445, pendant le séjour que toute la Cour y fit durant deux mois, tantôt à Châlons même et tantôt à Sarry.

Passage de FRANÇOIS Ier,

Séance du 10 juillet 1515.

Comme on annonce la venue du roy, le Conseil décide qu'on offrira 40 poinçons de vin d'Ay au roy ; à la reyne 12 fines serviettes, 6 grandes nappes de lin ouvré ; au dauphin 2 courtauds en bon équipage, de 40 à 50 écus. — Il y aura 100 hacquebutiers, 100 hallebardiers, 100 piquiers, et les gens de justice bien montés.

Le poële en velours rouge avec franges aux couleurs du roy, et un autre pour la reyne à ses couleurs. Les orateurs seront MM. de Bar et P. Langault (2), qui s'habilleront de même couleur.

Les gens de pied seront aussi d'une seule couleur. On fera quatre mystères : à la Porte, au carrefour No-

---

(1) Un volume in-8°, Paris, Aubry.

(2) Nicolas de Bar, conseiller de ville. — Pierre Langault, gouverneur municipal en 1537 et 1539.

tre-Dame , devant la Maison de Ville et devant l'Hôtel Dieu. — Le canon à la porte Saint-Jacques , pour les salves, et les hacquebuttes à crochet mises sur la Marne. Les 500 hommes de milice vêtus en blanc et noir. On habille de neuf les valets de ville avec les Armes de Châlons brodées sur leurs manches.

Au compte dressé le 10 novembre , les frais furent arrêtés à 1,040 livres.

Passage de HENRY II.

Séance du 11 février 1552.

On décide que le cadeau du roi serait de 500 livres, et celui de la reine de 200 livres , et qu'on offrirait au Connétable 6 poinçons, au duc de Nevers 4, comme à MM. de Vendôme, de Bordillon, de Guise, le cardinal de Lorraine, le maréchal de La Mothe, le maréchal de Saint-André , le garde des Sceaux , le trésorier-général de La Chesnaye, à la duchesse de Valentinois , à Madame Marguerite , et aux officiers du roi, en tout 20 poinçons. — Une fille de douze à quinze ans, habillée de lanc, descendra par une *subtilité* pour présenter au roi les clefs Les murs des rues tendus de tapisseries, aux lices de Notre-Dame, un théâtre sur lequel seront douze enfants accoutrés en filles pour crier *Vive le roi !* Un autre de même devant les Loges. — Un poêle de damas blanc et noir à franges, avec bâtons bleus fleurdelysés d'or, porté par quatre des échevins élus entr'eux: on habillera les officiers de ville à neuf

Séance du 22 avril.

Conclu que vu l'annonce , faite par M. d'Urfé de l'arrivée du Dauphin pour le lendemain (1), on ira au devant en pareil ordre qu'on fut au-devant du roy, par la porte Saint-Jacques.

____

(1) Il était gouverneur du prince.

Passages de HENRY IV.

Pour la venue de Henry IV, en 1591, on trouve cette seule mention à la séance du 2 août : « M. de Morillon (1) sera chargé de haranguer le roy. » Ce prince qui se rendait au siége d'Epernay passa cependant quelques jours dans nos murs.

Extrait des registres des Conclusions du Conseil de ville de Châlons, séance du premier juillet 1601.

« Le roy arrive en poste, entre 10 et 11 heures du matin, avec le prince de Montpensier, le duc d'Aiguillon, le comte de Sommelonne, MM. de Rohan, de Termes, de Sainte-Marie, de la Varennes, de Montglat, etc. Sont allés à son devant, à cheval, M. de Thomassin (2) et beaucoup de notables, à une demie lieue de la porte Marne. Le roy a été reçu à cette porte par M. de Florent (3), lieutenant de la ville, et M. du Molinet, échevin ancien, et M. de Mathé (4), gouverneur ancien, lesquels ont présenté à Sa Majesté les clefs de la ville avec l'obéissance requise, assistés de MM. les gens du Conseil. Sa Majesté a répondu que les clefs de la ville qu'il demandoit estoient les cœurs des habitants. Ledit jour, vers 5 heures du soir, Sa Majesté est repartie pour s'en retourner par bateau sur la rivière de Marne.

« Le samedi suivant, Madame, sœur du roy, vient et est reçue avec les mêmes honneurs que le roy. »

---

(1) Jacques de Morillon, lieutenant de ville et du roi en 1588 et 1589.

(2) Philippe de Thomassin, gentilhomme de la chambre, gouverneur royal de Châlons, mort le 19 octobre 1608.

(3) Pierre de Braux, seigneur de Florent, lieutenant de 1599 à 1607, élu en l'élection.

(4) Geoffroy Mathé, seigneur de Dommartin, conseiller au Parlement séant à Châlons (1591).

Passage de Louis XIII.

Séance du 10 décembre 1631.

« Le roy ordonne que pour le recevoir on ne sorte pas hors de ville, que seulement on tire le canon, lui présente les clefs et tienne un dais, sans autre dépense.

« On fait faire un dais de velours rouge à crépines d'or, aux armes de France et Navarre que portèrent MM. Talon, Pérard, Lemoyne et Gorlier ainé (1)

« M. de Jonchery, avec M. Chastillon (2) conseiller ancien, et M. Varin, gouverneur ancien (3), présentèrent chacun une clef et M. de Jonchery porta la parole.

« M. le duc harangua ensuite le Roy, la reine et M. le cardinal de Richelieu. On orna de chapeaux de triomphe la porte de Marne et de la Trinité.

« Toute la ville avoit esté nettoyée. On acheta 12 pièces de vin, 4 de blanc et 8 de clairet. — Les canons de la ville et ceux du roy furent mis aux remparts sous la direction de MM. de Morains, Dommangin et Gorlier jeune (4).

---

(1) Pierre Talon, receveur général des décimes de Champagne. — Christophe de Pérard, siegneur de Plagny, lieutenant de ville en 1631. — Claude Lemoyne, seigneur de Moncetz, contrôleur en l'élection, gouverneur municipal en 1621-1623.

Geoffroy Le Gorlier, seigneur de Verneuil ; Braux, lieutenant de ville en 1629.

(2) Pierre Lignage, seigneur de Jonchery, lieutenant de ville en 1627 et 1632. Hugues de Chastillon, seigneur de Contault, gouverneur municipal en 1637.

(3) Nicolas Varin, de la famille des illustres graveurs de ce nom, mort en 1642, enterré à Notre-Dame avec sa femme Marguerite Deu.

(4) Jean Leclerc, seigneur de Morains, conseiller, lieutenant du roi. Nicolas Dommangin, seigneur de Champagne, contrôleur général des routes en Champagne, en 1617, lieutenant de ville en 1635.

René Le Gorlier, seigneur de Drouilly, Dizy, etc., gouverneur municipal en 1647.

« On acheta 12 flambeaux pour éclairer ceux de MM. du Conseil qui iroient visiter la nuit les seigneurs de la Cour ; un millier de poires de bon chrétien et 50 livres de confiture pour la reine et ses dames.

« Quatre cents hommes des mieux équipés des cinquantenies furent mis en haut sous les ordres du grenetier de Bar.

» Les gens du Conseil, divisés en quatre bandes, furent inviter les seigneurs et devront parler MM. de Jonchery, de Bar (1), Gorlier et de Plagny. »

Passage de Louis XIV.

Séance du 20 octobre 1655.

« M. Truc avec l'infanterie, M. Braux de Saint-Valery avec la cavalerie (2) vont au-devant du roy hors du faubourg, à 4 heures du soir. Sa Majesté estoit dans un carosse avec la reyne, M. le duc d'Anjou et M. le cardinal de Mazarin. Le roy fut harangué par M. Horguelin (3), lieutenant de ville, au corps de garde de la porte Marne : quand il présente les clefs, le roy dit : « Gardez les clefs, elles sont en bonnes mains. » — Le roy va à Saint-Etienne entendre un *Te Deum*, puis à l'évesché où il loge. On luy présente les vins en bouteilles, sur les observations de M. de Sanictot, au lieu des brocs de la ville comme de coustume. Sa Majesté va avec M. de Vaubecourt (4) au siége de Sainte-

---

(1) Guillaume de Bar, receveur général des finances, lieutenant de ville en 1620.

(2) Les capitaines des cinquanteniers ayant prétendu choisir leur commandant, le Conseil en référa au roi, à Epernay ; et M. de Sanictot, maître des cérémonies, fut chargé de tout arranger. Conclusion du 17 octobre). — Jérôme Truc, seigneur d'Omey, lieutenant-général au bailliage, capitaine en chef de l'arquebuse, en 1650.

(3) Edme Horguelin, conseiller au présidial.

(4) Gouverneur royal de Châlons, après son père, 1642-1696.

Menehould, laissant la reyne icy, de laquelle le lieutenant de ville alloit prendre chaque jour les ordres pour la garde de nuit, jusqu'au départ du roy, le 4 décembre. »

Mariage de M. le Duc d'Orléans.

Séance du 24 octobre 1671.

« On annonce l'arrivée de M. le duc d'Orléans et de la princesse Palatine pour le 8 novembre.

« On envoie à Epernay MM. de Saint-Valery, Gargam, Deu, lieutenant au bailliage, et Leduc (1) au devant du duc ; et à Sainte-Menehould, au devant de la princesse, MM. Lorain, Beaugier, Jourdain et Viriot (2). M. Lallemand de Lestrée (3) est chargé de commander la cavalerie, et M. Deu, conseiller de ville (4), l'infanterie, le tout avec le plus d'éclat et de pompe et cependant d'économie, tout en donnant tout pouvoir aux officiers du Conseil. — Décide qu'il y aura, pour le mariage, un feu de joie avec artifices et fusées volantes, jusqu'à 500 livres, avec collation : MM. Jourdain,

---

(1) Jacques Braux, seigneur de Saint-Valery, lieutenant de ville en 1657. — N.... Gargam, seigneur de Soudron, idem en 1659. — Jean Leduc, seigneur de Compertrix, gouverneur municipal en 1670.

(2) Jacques Lorrain, conseiller au présidial, lieutenant de ville, 1668. — Edme Beaugier, doyen du présidial (1680), auteur des *Mémoires historiques.* — Jean Jourdain, seigneur de Chanteraine, procureur du roi. — Claude Viriot, conseiller au présidial.

(3) Pierre Lallemand, seigneur de Lestrée, bailli de Châlons, 1670-1697.

(4) Jacques Deu, seigneur de Montigny, Marson, conseiller au présidial, capitaine de l'arquebuse, lieutenant au siége présidial, mort en 1723 ; père du président-trésorier cité plus haut, et gendre de Jean Jourdain ci-dessus.

Cuissotte, Leduc et de Parvillez, commis à ces préparatifs (1).

Relation du voyage des députés de la ville de Châlons au sacre de Louis XV. (Extrait du registre des Conclusions de ville, séance du 31 octobre 1722.)

Le conseil avait député à cet effet M. Beaugier de Bignipont, doyen du Conseil au présidial, M. Gargam, élu en l'élection ; M. Deu de Montigny, président-trésorier de France ; M. de Pinteville de Montcetz, chevalier d'honneur du présidial, et l'un des échevins en charge ; et M. Blandin, receveur des finances, adjoint comme suppléant.

« Les députés furent présentés au roy, le 22 de ce présent mois, par MM. le duc de Rohan, gouverneur-général de la Province, et d'Armenonville, secrétaire d'état, garde des sceaux : en habits noirs, manteaux courts et rabats. M. Baugier prononça la harangue un genou en terre, ainsi que les autres, et se servit de termes si pathétiques et si agréables au Roy, qu'il les en auroit remercié par M. le duc de Charost, son gouverneur, en ces termes : « Messieurs, le roy vous remercie et vous est fort obligé de votre zèle et de votre » fidélité. »

« Ils furent ensuite présentés à Monseigneur le duc d'Orléans qui leur dit : « Messieurs de la ville de Châ- » lons, je vous remercie et souhaite de vous donner des » marques de ma bienveillance. »

« Puis ils furent chez Madame, mère de Monseigneur

---

(1) Charles Cuissotte, greffier du bureau des finances, gouverneur municipal, 1669. — Charles de Parvillez, seigneur de Villeneuve, président au grenier à sel.

le duc d'Orléans , et chez M. le cardinal du Boys. Ils réclament, au sacre, l'honneur de complimenter le roy avant MM. de Troyes , parce que Chaalons, par lettres patentes du 27 mars 1589, est déclarée principale ville de la Province. M. le marquis de Dreux fait parler MM. de Chaalons les premiers, et sur les contestations donne acte aux parties pour qu'il en soit réglé ultérieurement.

Compliment de M. Beaugier au roy : « Sire, les députés de la ville de Chaalons prosternés aux pieds de Votre Majesté ont l'honneur de lui témoigner leur joye de la voir, au jour éclatant de son sacre, dans la gloire et la magnificence qui donnent à Votre Majesté la supériorité au-dessus de tous les monarques de la terre. C'est, Sire, ce qui fait en ce jour pompeux l'objet de notre admiration et nous procure l'avantage de souhaiter à Votre Majesté un règne long et glorieux, et de l'assurer de nostre fidélité inviolable , dont nos ayeux ne se sont jamais départis , et qui sera toujours gravée profondément dans notre cœur. »

CHALONS. IMPRIMERIE D'H. LAURENT.

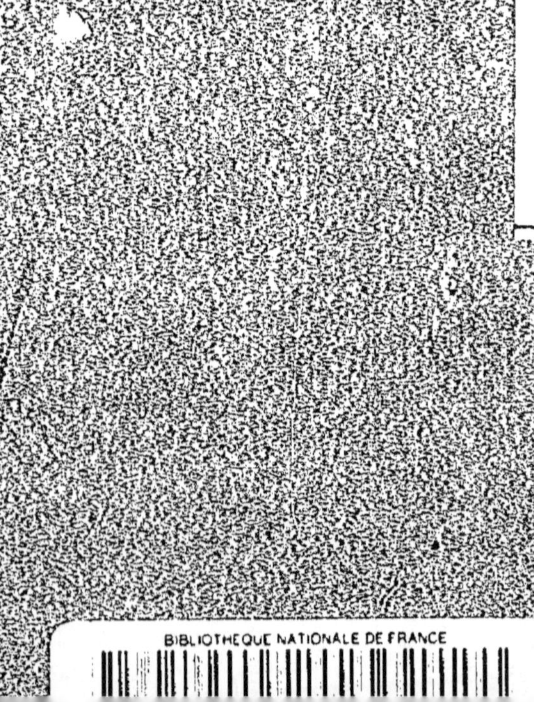